江戸時代へタイムワープ

マンガ：早川大介／ストーリー：チーム・ガリレオ／監修：河合 敦

はじめに

江戸時代は、江戸幕府が日本を治めていた時代です。今回のマンガでは、"関ヶ原の戦い"から江戸幕府が成立した頃の江戸時代前期までが舞台です。

この時代について、学校の授業では、関ヶ原の戦いで勝った徳川家康が江戸幕府を開いたことや、幕府の制度、その時代の人々の生活などについて学習します。

マンガでは、双子のケンとハナが、刀の精霊によって江戸幕府ができる少し前の日本にタイムワープしてしまいます。ふたりは、徳川家康と知り合ったり、関ヶ原の戦いや、江戸時代の農民の暮らしなどを体験したりしながら、争いの時代から平和の時代に移り変わっていく日本を旅します。

みなさんも、ふたりといっしょに、江戸幕府や江戸時代の暮らしについて知る冒険に出かけましょう！

監修者　河合 敦

今回のタイムワープの舞台は…？

年代	時代	できごと
4万年前	先史時代 旧石器時代	日本人の祖先が住み着く
2万年前		
1万年前	縄文時代	土器を作り始める / 貝塚が作られる / 米作りが伝わる
2000年前	弥生時代	
1500年前	古墳時代／飛鳥時代	大和朝廷が生まれる
1400年前		
1300年前	古代 奈良時代	平城京が都になる
1200年前		平安京が都になる
1100年前	平安時代	
1000年前		
900年前		
800年前	中世 鎌倉時代	モンゴル（元）軍が2度攻めてくる
700年前		室町幕府が開かれる
600年前	室町時代	金閣や銀閣がつくられる
500年前		
400年前	安土桃山時代	江戸幕府が開かれる
300年前	近世 江戸時代	
200年前		明治維新
100年前	近代 明治時代	大正デモクラシー
	大正時代	
50年前	現代 昭和時代	太平洋戦争 / 高度経済成長
	平成時代	

ココ‼

米作りが広まる

巨大なお墓（古墳）がつくられる

奈良の大仏がつくられる

華やかな貴族の時代

鎌倉幕府が開かれる（武士の時代の始まり）

戦国時代

町人文化が盛んになる

文明開化

現代

もくじ

1章 江戸時代から伝わる家宝!? 8ページ

2章 天下分け目の"関ケ原" 24ページ

3章 刀と刀が大バトル!? 42ページ

4章 また戦場!?"大坂夏の陣" 58ページ

5章 日本一の兵・真田幸村! 74ページ

6章 時代を超えて飛べ!! 90ページ

7章 ここはまだ江戸時代!? 106ページ

教えて!! 河合先生 江戸時代 おまけ話

1 江戸時代ヒトコマ博物館　174ページ
2 江戸時代ビックリ報告　176ページ
3 江戸時代ニンゲンファイル　178ページ
4 江戸時代ウンチクこぼれ話　180ページ

歴史なるほどメモ

1 江戸時代ってどんな時代？　22ページ
2 "関ケ原の戦い"ってどんな戦い？　40ページ
3 関ケ原の戦い後の大名たちは？　56ページ
4 "大坂の陣"って何？　72ページ
5 キリスト教や外国との関係　88ページ
6 晩年に花開いた!? 徳川家康と真田幸村　104ページ
7 江戸時代の農村と身分制度　120ページ
8 参勤交代って何？　138ページ
9 江戸、大坂、京都の"三都"が繁栄　154ページ
10 天下泰平の江戸時代 経済も大発展！　172ページ

8章 大名の子は昔なじみ!?　122ページ
9章 刀の職人はどこに!?　140ページ
10章 3代将軍・徳川家光!!　156ページ

ケン

ハナの双子の兄。
ハナと一緒に
小学校の剣道クラブに入っている。
元気なお調子者タイプで
勉強はあまり得意ではない。
もちろん歴史もよく知らない。

ハナ

ケンの双子の妹。
剣道の腕前はケンよりも上で、
剣道大会で3連覇を達成。
ふだんは優しく可愛い女の子だけど、
怒るとかなり怖くなる。

ムラマサ

もう1本の刀の精霊。
戦うことが大好き。
戦場で大将首を取りたいと
ケンとハナを巻き込む。

イチモンジ

ケンとハナの家に伝わる
家宝の刀から出てきた精霊。
戦いよりも平和を好む。
子どもの前でだけ姿を現す。

徳川家康

西暦1600年、天下分け目の
"関ケ原の戦い"の時に
ケンとハナに出会う。
イチモンジの元の持ち主。

1章 江戸時代から伝わる家宝!?

TIME WARP memo
歴史なるほどメモ①

江戸時代ってどんな時代？

① 徳川家康が江戸にやってきた

江戸時代は、江戸幕府という政府が日本を治めていた時代です。江戸とは今の東京のことです。

江戸幕府を開いたのは、徳川家康という武将でした。

家康は、三河国（愛知県）の小さな戦国大名の家に生まれましたが、天下統一をめざす織田信長に協力する中で、遠江国や駿河国（ともに静岡県）などに勢力を広げていきました。

そんな家康が江戸に本拠地を移したのは1590（天正18）年のことです。

信長の死後、家康は豊臣秀吉に従いましたが、秀吉によって、それまでの東海地方から関東地方に領地を移すよう命じられたためです。

> 家康は海を埋め立てたり城を大きくしたりして 江戸を本拠地としてふさわしい町にしていったんだ

② 家康が江戸幕府を開く

1598（慶長3）年に秀吉が死ぬと、家康は多くの大名たちを味方につけて、天下取りに乗り出します。そして、1600（慶長5）年の "関ケ原の戦い"（→40ページ）に勝つと、1603（慶長8）年に朝廷から征夷大将軍に任じられ、江戸幕府を開きました。

これ以降、260年以上、江戸幕府が日本を治めました。

江戸時代のキーパーソン 1
江戸幕府の初代将軍
徳川家康

★生没年 1543 ～ 1616年

家康は、1605（慶長10）年に、将軍在位わずか2年で将軍を息子の秀忠にゆずった。これにより将軍の職は代々徳川家が継ぐことを世の中に示した。

東京大学史料編纂所所蔵模写

③江戸幕府と「藩」ってどんな関係?

江戸時代は、幕府が直接支配する領地と、大名たちが支配する「藩」がありました。幕府は、言うことを聞かない藩を取りつぶしたり、大名の領地を替えたりする力を持っていました。そして、「武家諸法度」という法律をつくって大名を統制しました。

また、大名を全国のどこに置くのかも工夫しました。もともと徳川氏に従っていた大名は江戸や大坂の近くに、関ケ原の戦い前後など、後に徳川氏のけらいになった大名は遠くに置かれました。

徳川氏に反抗しそうな大名は重要な場所から遠くの地に離したのね

そんな大名が近くにいたら危ないもんな!

もの知りコラム

大名って何?

江戸時代の大名とは、将軍から1万石以上の領地をもらって、主従関係を結んだ武士のこと。大名が支配する領地は、「藩」といいます。

「石」は米の量を表す容積の単位で、1石は1千合です。ちなみに、計算にもよりますが、1万石の領地があると、年間、約1万人のけらいを養うことができるだけの米の収穫があるそうです。

大名は、将軍である徳川氏との関係の度合いによって、次の3つの種類に分けられました。

◆ ◆ ◆

 親藩
御三家(尾張徳川家、紀伊徳川家、水戸徳川家)をはじめとする、徳川一門の大名。

 譜代
本多忠勝の本多氏など、昔から徳川氏に従っていたけらいの大名。

外様
九州の細川氏や島津氏、東北の伊達氏などのように、関ケ原の戦いの後に正式に徳川氏に従った大名。

TIME WARP memo
歴史なるほどメモ②

関ケ原の戦いってどんな戦い？

① 豊臣秀吉の死後の、天下をめぐる争い！

1598（慶長3）年、天下人・豊臣秀吉が、幼い息子の秀頼を残して亡くなりました。すると、豊臣政権では秀吉に次ぐ実力者であった徳川家康が、次の天下人になろうと動き出します。

こうした家康の動きに反対したのが、秀吉に可愛がられて出世した石田三成です。三成は、天下を自分のものにしようとする家康に戦いを挑みました。これが関ケ原の戦いです。

② 天下分け目の関ケ原の戦い

1600（慶長5）年9月15日、午前8時頃、美濃国（岐阜県）の関ケ原で、家康率いる東軍約10万と、三成らの西軍約8万が激突しました。この戦いに勝つたほうが天下を取るという大決戦です。

はじめは西軍が優勢でしたが、西軍の小早川秀秋の裏切りで、やがて形勢は逆転となり、同日午後、東軍が大勝利をおさめました。西軍は総崩れとなり、この勝利によって、家康の天下が決定づけられました。

これが関ケ原の戦いだ！

石田三成陣地
笹尾山に陣を張っていたが、伊吹山に逃げた。

徳川家康陣地
東軍を勝利に導き、家康の天下を決定づけた。

関ケ原の戦いでの東軍・西軍の布陣

- 🏴 西軍
- 🏴 東軍
- △ 戦いに参加せず
- ※ 裏切り

石田三成
小西行長
島津義弘
宇喜多秀家
大谷吉継
小早川秀秋 ※
福島正則
藤堂高虎 ※
長束正家
毛利秀元
長宗我部盛親
山内一豊
池田輝政
黒田長政
島左近
細川忠興など

徳川家康

西軍は小高い山々に陣取り、後ろから平地にやってきた東軍を包囲した。西軍有利な配置と思われたが、様子を見て戦わない者や裏切り者などが出て、西軍は敗れた

> 戦わない人がいたら勝てないよな

大谷吉継陣地
吉継は石田三成の親友。よく戦ったが、敗れた。

島津義弘陣地
東軍に囲まれるも、300の兵でなんとか脱出した。

小早川秀秋陣地
戦いの前に家康と通じていて、西軍を裏切った。

「関ケ原合戦図屏風」関ケ原町歴史民俗資料館蔵

江戸時代のキーパーソン 3
戦いの勝敗を左右した
小早川秀秋

★生没年 1582〜1602年

豊臣秀吉の正室・おねのおいで、備後国（広島県）の有力大名・小早川氏の養子となった。関ケ原の戦いでは西軍に参加するが、裏切って東軍に味方した。関ケ原の戦い後、21歳という若さで亡くなった。

東京大学史料編纂所所蔵模写

江戸時代のキーパーソン 2
秀吉に忠誠をつくした
石田三成

★生没年 1560〜1600年

近江国（滋賀県）の下級武士の家に生まれ、15歳の頃、豊臣秀吉に仕えた。秀吉のもと、国を治める優秀な官僚として出世。近江国の佐和山城主となった。関ケ原の戦い後、捕らえられて京都で処刑された。

東京大学史料編纂所所蔵模写

TIME WARP memo
歴史なるほどメモ③

関ケ原の戦い後の大名たちは?

① 敵は処分、味方には領地を!

関ケ原の戦い後、徳川家康は、自分に敵対した西軍側の大名90家以上の領地を取り上げるなどの処分をしました。大大名として力を持っていた毛利氏や上杉氏は、大幅に領地を削られ、家康に対抗する力を失いました。家康は、取り上げた領地を自分に味方した東軍側の大名たちに与え、また、自分につながりのある者を新しい大名として、各地の主要な場所に置くなどしていきました。

関ケ原の戦いでの東軍・西軍のおもな大名
- 東軍のおもな大名
- 西軍のおもな大名

小早川秀秋（※西軍から東軍に寝返り）／宇喜多秀家／大谷吉継／堀秀治／毛利輝元／石田三成／前田利長／最上義光／伊達政宗／黒田長政／加藤清正／上杉景勝／小西行長／佐竹義宣／島津義弘／長宗我部盛親／増田長盛／福島正則／浅野長政／徳川家康

処分にはこういうものがある

- 転封（別の領地に移動。国替）
- 減封（領地の削減。）
- 改易（領地の没収。取りつぶし）

東軍・西軍のおもな大名の戦後処理

西軍		東軍	
(毛利輝元)	減封	徳川家康	天下人に
(上杉景勝)	減封	(浅野長政)	隠居
宇喜多秀家	島流し	福島正則	加増
石田三成	処刑	黒田長政	加増
(増田長盛)	改易	前田利長	加増
大谷吉継	戦死	最上義光	加増
(佐竹義宣)	減封	堀秀治	—
小西行長	処刑	(伊達政宗)	加増
島津義弘	—	(加藤清正)	加増
長宗我部盛親	改易		
※小早川秀秋	加増		

- 加増は、領地が増えること
- ( )は、関ケ原の戦いの現場にいなかった者
- ——は、変化のなかった者
- ※は、裏切った者

東軍は領地が増えているよね

② 豊臣氏もただの大名に格下げ！

このように家康が自分の支配体制を固めていく中で、豊臣氏も力を削られます。豊臣秀吉の息子・秀頼の領地は、摂津国（大阪府）、兵庫県）・河内国・和泉国（ともに大阪府）の65万7千石とされました。領地は大きいものの、ただの一大名になりました。

③ 家康、江戸に幕府を開く！

家康は1603（慶長8）年、征夷大将軍となって、江戸に幕府を開きます。江戸時代のはじまりです。家康が、正式な武士のリーダー・将軍として、全国の大名を従える立場となりましたが、家康はその将軍職を、間もなく息子の秀忠にゆずりました。将軍は代々徳川氏のものだと、皆に示したのです。

力のある者が天下を取れる戦国時代はもうおしまいだ！

江戸時代のキーパーソン 5
家康から将軍職を受け継いだ
徳川秀忠
（とくがわひでただ）

★生没年 1579～1632年

徳川家康の子で、江戸幕府の2代将軍。家康が幕府を開いた2年後、将軍職をゆずられた。しかし、幕府の実権は、駿府城（静岡県）に移り住んで"大御所"と呼ばれた家康が握っていた。

東京大学史料編纂所所蔵模写

江戸時代のキーパーソン 4
家康に仕えた猛将
本多忠勝
（ほんだただかつ）

★生没年 1548～1610年

三河国（愛知県）生まれで、徳川家康に仕えた猛将。生涯50以上の戦いで一度も傷を受けなかったともいわれる。家康に仕えた酒井忠次、榊原康政、井伊直政とともに徳川四天王と呼ばれる。

東京大学史料編纂所所蔵模写

4章 また戦場!? "大坂夏の陣"

TIME WARP memo
歴史なるほどメモ④

"大坂の陣"って何?

① 大坂冬の陣と夏の陣、2つの戦い!

大坂の陣は、徳川家康と豊臣氏の2度にわたる戦いです。1614（慶長19）年の大坂冬の陣と、翌1615（慶長20）年の大坂夏の陣の2回、戦いが行われました。

② 戦いは豊臣氏を滅ぼすのが狙い!

江戸幕府を開き、徳川氏がずっと将軍を受け継いでいくことを示した家康でしたが、まだ心配なことがありました。豊臣氏の存在です。

江戸時代になっても、いまだに豊臣氏に恩を感じて慕っている大名が多く見られたのです。いつか豊臣氏が力を盛り返して、徳川氏を脅かすかもしれません。そこで家康は、豊臣氏を滅ぼして、徳川の世を万全にしなければならないと考えたのです。

> 心配な敵は滅ぼしちゃおうってことか……

もの知りコラム
方広寺鐘銘問題

鐘に刻まれた文字で戦いに!?

1614（慶長19）年、豊臣秀吉の息子・秀頼が京都の方広寺を再建しました。その時つくった鐘には「国家安康」「君臣豊楽」という文字が刻まれていました。

家康は『『豊』『臣』の文字が並んでいるのに、『家』『康』の文字が離れているのは自分を呪うものだ」と秀頼に言いがかりをつけました。

◆ ◆ ◆

「決して呪いなどではない」という秀頼の言い分にも耳を貸さず、家康はこれを戦いのきっかけに利用したのです。

京都市東山区の方広寺の鐘。白く囲まれた部分に、「国家安康」「君臣豊楽」の文字がある

写真：朝日新聞社

③ 大坂冬の陣で、大坂城の堀を埋める!

1614（慶長19）年の大坂冬の陣では、真田幸村ら豊臣氏に味方する10万の兵が、大坂城に集まりました。

対する家康は、20万の大軍で城を取り囲みます。

幸村は、大坂城の南側に「真田丸」と呼ばれる砦を築き、徳川軍を攻めたといわれます。徳川軍は、1日で騎兵だけでも数百人の死者を出したといわれます。なかなか城を落とせない家康は、豊臣氏に和平交渉をもちかけます。次の戦いを見越した策でした。

> 和平の条件のひとつは大坂城の堀を埋めること!

豊臣方は、徳川方が大坂城の外堀だけを埋めるのだと思っていたが、家康は内堀まで埋めてしまった。これによって、難攻不落といわれた大坂城の防御力は著しく低下した

④ 大坂夏の陣で、豊臣氏が滅亡!

1615（慶長20）年、家康は再び大坂城を取り囲みます。堀を埋められた大坂城は丸裸で、豊臣氏に徳川軍を防ぐ力はなくなっていました。豊臣方の兵は決死の覚悟で城を出て戦います。

幸村は、徳川方の本陣を3度も襲い、家康を追いつめたといわれます。しかし、圧倒的な兵力には勝てず、ついに豊臣秀頼は大坂城で自ら命を絶ち、豊臣氏は滅びました。

江戸時代のキーパーソン ⑥

天下人の悲劇の息子

豊臣秀頼
とよとみひでより

★生没年 1593 〜 1615 年

徳川家康の前の天下人・豊臣秀吉の息子。父の秀吉は小柄な体格だったが、秀頼はとても大柄だったという。家康は、秀頼の立派に成長した姿を見て、豊臣氏を滅ぼす決意をしたともいわれる。

東京大学史料編纂所所蔵模写

TIME WARP memo
歴史なるほどメモ⑤

キリスト教や外国との関係

① 江戸時代、キリスト教は禁止！

1613（慶長18）年、江戸幕府はキリスト教を禁止する命令（禁教令）を全国に出しました。国内のキリスト教徒が、ポルトガルやスペインなどと手を組んで、幕府に反抗することを恐れたためです。

また、キリスト教がこれ以上広まらないようにと、ヨーロッパ諸国との交流を制限しました。

② オランダは貿易OK！

キリスト教を禁じると、幕府はイギリス、スペイン、ポルトガルとの国交も禁止しました。しかし、オランダはキリスト教を広めないと約束したため、出島（長崎県）に限って貿易を認めました。

中国や琉球（沖縄県）など、キリスト教国でないところとも貿易は行われました。しかし、外国との貿易は幕府がすべて取り仕切り、利益を独占しました。

そうとうもうかったんじゃないかしら

もの知りコラム

長崎につくられた人工の島「出島」

幕府は長崎に出島という島をつくり、ここでオランダとの貿易を行いました。オランダ人は出島に住み、一般の日本人の出島への出入りは禁止されました。

◆◆◆

幕府が許可した貿易は、
1、長崎―オランダと中国
2、対馬―朝鮮
3、薩摩―琉球
4、松前―蝦夷（北海道）

この4つの窓口だけで、その他の世界とは窓を閉ざしました。

長崎大学附属図書館経済学部分館蔵

③「島原・天草一揆」が起こった!

幕府の禁教令により、宣教師や信者が処刑されたり、国外追放されたりなどの弾圧が行われました。

1637（寛永14）年、九州の島原（長崎県）と天草（熊本県）で、農民たちが反乱を起こしました。彼らの多くはキリシタン（キリスト教徒）でした。これを「島原・天草一揆」（島原の乱）といいます。

キリシタンへの弾圧、厳しい年貢の取り立て、飢饉による苦しみにより、約3万人もの領民が立ち上がったのです。しかし、幕府は十数万人の兵力で、一揆勢を皆殺しにして鎮圧しました。

「天草四郎陣中旗」
一揆勢が掲げていた旗。中央に大聖杯、左右に天使が描かれている

天草市立天草キリシタン館蔵

江戸時代のキーパーソン ⑦

一揆の総大将となった美少年

天草四郎

★生没年 1624 ？～1638 年
天草四郎は通称で、本名は益田時貞。家族全員がキリシタンで、四郎もジェロニモ（またはフランシスコ）という洗礼名を持っていた。人々に慕われて一揆の総大将になったという。戦死した時はまだ15歳で、美少年だったと伝わる。

写真：朝日新聞社

④ 強まるキリシタンへの弾圧!

島原・天草一揆でキリシタンの団結力を知った幕府は絵踏などを行い、さらに厳しくキリスト教を取り締まるようになりました。

絵踏の様子
キリスト像が彫られた板（踏み絵・右上）を、役人の前で踏ませた。踏むのをためらった者はキリシタンだと判断された

奈良女子大学学術情報センター蔵

TIME WARP memo
歴史なるほどメモ ⑥

晩年に花開いた！？ 徳川家康と真田幸村

① がまんの男・徳川家康

徳川家康が江戸幕府を開いたのは61歳で、大坂夏の陣で豊臣氏を滅ぼしたのは73歳の時でした。まんを続けて、自分の時代を待っていたのです。

家康は三河国（愛知県）の松平氏の出身です。松平氏は小さな勢力で、家康は隣の国の大大名・今川氏の人質に出され、駿府（静岡県）で暮らしました。

やがて今川氏から独立し、一人前の大名になった家康は、尾張国（愛知県）の戦国大名・織田信長と同盟を結びます。しかし、信長との力の差は大きく、同盟とはいえ、逆らうことができない関係でした。

その信長が命を落とすと、家康は信長の後継者となった豊臣秀吉と競い合います。しかし、ここでも秀吉に従うことになり、じっとがまんして力をたくわえました。そして秀吉の死後、ようやく自分の時代がやってきたのです。

ずいぶん待っていたんだね

もの知りコラム

徳川家康がうんちをもらした？

徳川家康が30歳の時、甲斐国（山梨県）の戦国大名・武田信玄と戦い、さんざんに打ち負かされてしまいました。家康は命からがら自分の城に逃げ帰りましたが、恐怖のあまり、うんちをもらしていたといいます。その時に描かせたのがこの絵で、みじめな敗北をその後の教訓にするためだったといわれています。

徳川家康三方ヶ原戦役画像
苦々しい表情がとても印象的
徳川美術館蔵
©徳川美術館イメージアーカイブ／DNPartcom

家康さん本当にもらしたことがあったのか！

② ラストヒーロー・真田幸村

大坂夏の陣で、徳川方の本陣に切り込んだ真田幸村。家康は死を覚悟したほどだったといいますが、結局、幸村は敗れてこの戦いで戦死しました。弱者の豊臣氏を助けて強者の徳川氏に刃向かったその姿は、戦国最後のヒーローとして人々に語り継がれました。

じつは幸村という名は、後の時代の小説などで用いられたもので、本名は信繁といいます。本名より、幸村の名のほうが有名になって人々に広まったのです。

③ あまり活躍していない幸村の前半生

大坂の陣での活躍で「日本一の兵」とも呼ばれた幸村ですが、それ以前の人生は、あまりぱっとしたものではありませんでした。

強い大名に人質として出されたり、関ヶ原の戦いの敗者として謹慎生活を送ったりと、ヒーローらしい活躍のない暮らしぶりでした。

しかし、大坂の陣で、豊臣氏から「徳川方と戦ってほしい」と頼まれ、謹慎先の九度山（和歌山県）を脱出して大坂城に駆けつけ、大活躍したのです。

江戸時代のキーパーソン ⑧
戦国最後のヒーロー
真田幸村（信繁）

★生没年 1567〜1615年

大坂の陣には幸村の子・大助も出陣し、幸村も大助もこの戦いで散った。しかし、幸村の兄・信幸（信之）は徳川方に属していたため、真田一族としては、滅びることなく家を守ることができた。

写真：朝日新聞社

もの知りコラム
家康を苦しめた真田親子

真田氏は信濃国（長野県）、上野国（群馬県）を本拠地とする、徳川氏と比べたらとても小さな勢力でした。徳川軍は2度、真田氏の城・上田城を攻めましたが、幸村の父・昌幸のすぐれた戦略によって2度とも失敗しています。

「わたしの父も強かったぞ！」

7章 ここはまだ江戸時代!?

あれは からさおでたたいて 稲穂から米のもみを 取ってるんです

あれは?

唐箕という道具で 風を送り 不要な もみがらとわらなどを 箱の外に飛ばします

TIME WARP memo
歴史なるほどメモ⑦

江戸時代の農村と身分制度

① 農具や肥料で米の生産量が上がった！

江戸時代には、平和になったこともあり、農作業を効率よくすすめるために、農具の改良や、農具の開発が行われました。油かすやイワシを干した干鰯などの、お金で買う肥料も使われるようになり、米の生産量が上がりました。

この時代に生まれた農作業のやり方は、昭和のはじめ頃まで全国で見られました。

長床すき
牛や馬にひかせて田畑をたがやす

備中ぐわ
土を深くたがやせる

ふみ車
人の足で水車をふんで水をくみあげる

江戸時代に使われた農具いろいろ

千歯こき
歯のすきまに稲をはさんで、もみを取る

唐箕
不要なもみがらとわらなどを箱の外に飛ばす

すべて奈良県立民俗博物館蔵
「くぼたのたんぼ」ホームページより

② 新田開発もさかんに行われた！

江戸時代は、さかんに池や沼をうめたてたり、森や林を切り開いたりして、田畑を増やしていきました。こうして新しくできた農地を「新田」といいます。

吉田新田の開発の様子（模型）
吉田新田は、現在の横浜市中区伊勢佐木町あたり。人々が新田開発のため、堤防をつくっている。堤防の内側が埋め立てられて、新しい田畑ができる
横浜市歴史博物館蔵

たくさんの人の手によってできたんだね

120

③ 農民は武士になれなかった?

江戸時代は支配者の武士と、農民や町人など支配される人の身分がはっきり分かれていました。武士の子は武士で、農民の子は農民というように代々身分はうけつがれ、結婚も同じ身分同士でするのがふつうでした。ただし、江戸時代後期になると、お金を出して武士の身分を手に入れることも不可能ではなくなります。

④ 武士がほかの人々を支配した!

農民の暮らしは祭りなど楽しいこともたくさんあったよ

江戸時代は、人口の10％にも満たない武士が、ほかの身分の人々を支配しました。人口の約80％は農村に住む*百姓です。都市に住む職人や商人は町人と呼ばれました。武士の暮らしを支えたのは、百姓がおさめる年貢です。幕府はきちんと年貢を取るために、百姓の家5戸を一組にまとめ、お互い、監視や協力をさせるようにしました（五人組制度）。

＊百姓は農民のほか、林業や漁業に携わる人なども含む

もの知りコラム

江戸時代の身分制度「士農工商」って？

江戸時代には、「士（武士）・農（百姓）・工（職人）・商（商人）」という順で身分制度があったと、教科書などで教えられてきました。

しかし、最近の研究では、士（武士）が支配層なのは間違いありませんが、農工商の間に身分の上下はなかったと指摘されています。

きびしく差別された人々もいた

江戸時代、身分制度の枠の外に追いやられた身分に、「えた」「ひにん」と呼ばれる人々がいました。この人たちは農業のほか、革製品や竹細工をつくったり、死んだ動物の処理や犯罪者の刑罰にかかわる仕事をしたりして、社会に必要な役割を担っていました。

立派な刀を持ってるよ

どこかの武家の子かもしれないよ

あっホントですね

ほかの藩*とケンカにでもなったらまずいでしょ

ここはボクにまかせて

はっ！

チン！

た……助かった～っ

*藩＝大名が治める領地。ここでは、ほかの大名という意味

TIME WARP memo
歴史なるほどメモ⑧

参勤交代って何？

① 幕府に反抗できないようにする！

参勤交代は、江戸幕府の3代将軍・徳川家光が定めた制度で、幕府が大名たちをしっかり支配し続けるためのものでした。

各地の大名は、地元と江戸とを1年交代で往復することが義務づけられ、妻と子は強制的に江戸に住まわせられました。

大名は、地元と江戸との行き来や江戸城の改修等で余計な出費をさせられ、妻と子も幕府の人質に取られていたため、幕府に対して反抗できなくなっていったのです。

○槍
○弓

② 幕府繁栄の基礎を築いた家光！

家光は参勤交代を定めたほか、キリスト教の禁止や外国との国交制限などを行いました（→88ページ）。

初代将軍・徳川家康から2代・秀忠を経て、3代・家光の時代に整えられたこれらの制度が、260年以上も続く幕府繁栄の基礎となりました。

もの知りコラム

1回の大名行列でどれぐらいお金がかかる？

江戸までの距離や行列の規模によってかかるお金は異なります。

◆◆◆

加賀藩（石川県）では、大名行列は2千～3500人の大行列となり、その時にかかった金額は、現在のお金に換算して3億～4億円にもなったといいます。

そんなに使ってちゃ余裕なくなるわよね

これが参勤交代の行列だ！

会津藩（福島県）の松平家の参勤交代の様子を描いた図。いろんな道具を持って、地元と江戸を行き来した。

○大名の馬
○具足入れ
○先導する人
○大名の乗ったかご
○鉄砲

会津若松市立会津図書館蔵

③ おじいちゃんに感謝！

家光には忠長という弟がいて、幼い頃、両親は弟ばかりかわいがったといいます。まわりの者は忠長が次の将軍になると思っていました。家光を3代将軍にすると決めたのは、家康でした。

家康のおかげで将軍となった家光は、家康への感謝を忘れませんでした。たいへんなお金をかけて、家康を神としてまつる日光東照宮を豪華につくりかえたり、家康の夢を見ると、その姿を絵師に描かせたりしました。

江戸時代のキーパーソン ⑨
幕府の体制を固めた
徳川家光

★生没年 1604～1651年

家光は、日光東照宮や江戸城の改築、自分のお披露目の旅などで、幕府のお金を使いまくったが、財政はびくともしなかった。家光の墓所は、祖父・家康が眠る日光東照宮のすぐそばにある。

東京大学史料編纂所所蔵摸写

139

9章
刀の職人はどこに!?

TIME WARP memo
歴史なるほどメモ⑨

江戸、大坂、京都の「三都」が繁栄

平和な江戸時代には、都市も大きく発展しました。とくに、江戸、大坂、京都の3つの都市は「三都」と呼ばれ、多くの人々が集まりました。

① 江戸は「将軍様のおひざ元」

三都はそれぞれに特徴がありました。将軍の住む江戸城がある江戸は、「将軍様のおひざ元」と呼ばれ、各藩の大名屋敷があり、多くの武士が住む政治の町でした。また、武士の生活を支えるためにさまざまな職業の人々が集まって住んでいました。江戸は、18世紀の初めには、人口が約100万となり、世界でもトップクラスの大都市に成長しました。

江戸時代初期の江戸・日本橋の町人地（模型） 江戸東京博物館蔵

江戸東京博物館で江戸時代の様子を知ろう

② 大坂は「天下の台所」

江戸が政治の町だったのに対して、大坂は商人の町で、「天下の台所」と呼ばれました。各地からさまざまなものが集まり、商人たちがそれを売り買いして、江戸をはじめとする各地に運んでいきました。

川沿いに立ち並ぶ蔵
「菱垣新綿番船川口出帆之図」（部分）
大坂には各藩の蔵屋敷が置かれ、年貢米などをここに集めて売りさばき、現金を手に入れた
大阪市立中央図書館蔵

③ 京都は伝統と工芸の町

古くから日本の都として発展していた京都には、歴史のある神社や寺院が多く集まっていました。また、西陣織などのすばらしい工芸品もつくりだされ、幕府や大名、裕福な商人などの手に渡りを通して、商人を通して、商人ました。

現在の西陣の町並み　写真：朝日新聞社

これら三都のほか、仙台藩の仙台、加賀藩の金沢や、長州藩の萩、薩摩藩の鹿児島など、各藩の城下町も栄え、商人や町人などでにぎわいました。また、参勤交代で多くの人々が行き交うため、街道沿いの宿場町も発展しました。

西陣織は今でも高級な織物として有名じゃ

もの知りコラム

大坂から江戸に荷物を運んだ　菱垣廻船

今のように電車やトラックがない江戸時代、たくさんの荷物を運ぶために使われたのは船でした。

江戸時代前期に大坂と江戸を結んでいたのは、菱垣廻船と呼ばれる船です。江戸で使われる木綿や油、酒などの日用品のほか、幕府や各藩の荷物も運びました。

◆　◆　◆

菱垣廻船（模型）
荷物が落ちないよう、左右の船べりにひし形模様に組まれたさくがあったのでこの名がついた

江戸東京博物館蔵

●江戸東京博物館　TEL:03-3626-9974（代表）　休館日：毎週月曜日（月曜日が祝日または振替休日の場合はその翌日）、年末年始　開館時間：9：30～17：30（土曜日は9：30～19：30）

155

10章 3代将軍・徳川家光！！

TIME WARP memo
歴史なるほどメモ⑩

天下泰平の江戸時代、経済も大発展！

① 産業と交通網が発展する

江戸時代は、農業だけでなくさまざまな産業が発展しました。

漁業や林業、織物などの手工業、酒づくり、焼きもの、紙づくりなどが発達し、農産物とともに各地に特産物が生まれました。そして、こうした各地の特産物を運ぶために、日本全国の道路や水路が整備されていきました。

また、金山や銀山、銅山などの鉱山の開発も進み、幕府の大きな財源となりました。

佐渡金山で金を掘る様子
「佐渡金山金堀之図」（部分）
国立公文書館蔵

② 江戸時代は商売も大繁盛！

産業が発展すると、つくられた商品を売るために商業も発展します。

江戸時代初期の商人たちは、各地の特産物をほかの場所に持っていって高く売ることで、大きな利益を得ていました。ところが、さらに産業が発展し、品物が増えてほかの地域でも似たような品が出てくると、それまでのやり方ではもうけが出なくなりました。そこで、江戸時代中頃までには、1つひとつのもうけは少なくとも、大量の商品を安く売ってもうける「薄利多売」の商売が行われるようになりました。

例えば、有名デパートの三越がそうじゃ
このほかにも興味があったら調べてみるとよいぞ

江戸時代につくられた商店が発展して今も続いている企業は意外とある

ものしりコラム

「元禄文化」の花が咲く

平和な時代が続き、経済が発展すると、武士や裕福な商人だけでなく、一般の人々も文化を楽しむ余裕が出てきました。17世紀末から18世紀初めに盛んだったこの頃の文化を、その頃の元号から「元禄文化」と呼びます。

◆　◆　◆

元禄文化は、大坂の商人を中心に、おもに上方（大坂、京都）で栄えました。日本の伝統文化である俳句（俳諧）や歌舞伎、浮世絵などが盛んになり始めたのがこの時代です。俳人の松尾芭蕉や、歌舞伎の脚本を書いた近松門左衛門、浮世絵を完成させた菱川師宣などが活躍しました。

松尾芭蕉（1644～1694年）
芭蕉は、「元禄文化」を代表する俳人。当時、町人の遊びだった俳諧（後の俳句につながる文学）を、芸術分野にまで高めた。東北・北陸地方をめぐって書いた俳諧紀行文『おくのほそ道』で有名　　江東区芭蕉記念館蔵

③ 一方、幕府の財政は赤字に！

大発展した経済力のおかげで、3代将軍・徳川家光の頃までは、将軍がどんなにお金を使っても幕府の財政はびくともしませんでした。しかし、金山、銀山からの金銀の産出量が減った5代将軍・綱吉の頃になると、綱吉がさかんに神社や寺院の建築を行ったこともあって、幕府の財政は赤字に転落してしまいます。

この後、幕府は財政の立て直しのためにさまざまな改革を行うようになります。

ものしりコラム

ダメ将軍から名将軍に評価激変!?
徳川綱吉と「生類憐みの令」

5代将軍・綱吉は以前は評価の低い将軍でした。その理由の1つに「生類憐みの令」を出したことがあります。簡単にいえば、「生き物を大切にしよう」というものでしたが、あまりにも極端で、違反した者には重い罰が与えられたとされていたからです。ところが最近、命を大切にする福祉政策だったとして、評価が見直されるようになりました。

教えて!! 河合先生

ぼくといっしょに、タイムワープの冒険を振り返ろう。マンガの裏話や、時代にまつわるおもしろ話も紹介するよ!

歴史研究家：河合 敦先生

江戸時代おまけ話

① 江戸時代 ヒトコマ博物館

↑聞かざる　↑言わざる　↑見ざる

「三猿」（日光東照宮）
右から、目を手で押さえた「見ざる」、口を手で押さえた「言わざる」、耳を手で押さえた「聞かざる」の意味を表す姿をした、3匹の猿の彫刻
写真：朝日新聞社

▶日光東照宮の陽明門（国宝）。日本を代表する美しい門として知られている。日光東照宮は、1999（平成11）年、世界文化遺産に登録された
写真：ピクスタ

教えて!! 河合先生 — 江戸時代おまけ話

「大坂夏の陣」のあと平和な時代へ向かう

河合先生：江戸時代では、いろいろな体験ができたようだね？

ハナ：タイムワープした場所が、「関ヶ原の戦い」の真っただ中でビックリしたわ。

1600（慶長5）年 関ヶ原の戦い

ケン：オレは、そのあと移動した「大坂夏の陣」で、ハナが大暴れした時には、どうなることかと思ったよ。

ハナ：あの時、ケンは徳川家康さんに「ウンコもらしたな!?」って言われてたのよね！

ケン：オレはもらしてなーい!!

河合先生：ハハハ。その「大坂夏の陣」のあと、家康は戦のない平和な世の中を目指したんだ。

ケン：家康さん、平和な時代をつくるっていう約束を守ってくれたんだね。

河合先生：平和な時代の基盤をつくった家康は、「大坂夏の陣」の翌年の1616（元和2）年、75歳でこの世を去ったんだ。

ケン：あの戦場で別れた次の年に死んじゃったのかあ。

神様になった家康

河合先生：家康は死んだあと、神様としてまつられているんだよ。

ハナ：えっ、家康さん、神様になったの？

河合先生：家康は、自分が死んだ1年後に日光に祠を建てて、神様としてまつるよう遺言を残したんだ。関東の守り神になって、平和を見守るためにね。

ケン：どんな神様になったの？

河合先生：東照大権現という名前で、日光東照宮にまつられているよ。

ハナ：日本に平和な世の中が続くように、守ってくれているのね。

河合先生：日光東照宮といえば、「見ざる、言わざる、聞かざる」という意味を表した「三猿」が有名だ。

ケン：面白いポーズをとっているけど、どんな意味があるの？

河合先生：他人の悪いところは、"見ない、言わない、聞かない"に越したことはないという教えを説いているんだ。

175

② 江戸時代 ビックリ報告

個性派ぞろいの徳川将軍たち

260年以上もの長い間続いた江戸幕府は、徳川家康をはじめ15人の徳川家の将軍によって治められました。どの将軍も、みな個性的な一面を持つ、人間味あふれる人物でした。

健康オタクの家康

初代将軍の家康は、かなりの「健康オタク」として有名です。とても熱心に薬について勉強し、自分で薬草を育て、薬を調合して飲んでいたほどです。そのおかげか、当時としては珍しく、75歳まで長生きしました。

おじいちゃんラブの家光

家康の孫にあたる3代将軍の家光は、おじいちゃんが大好きでした（→139ページ）。「自分は2代目家康である」という意味の言葉を書いた紙をお守り袋に入れ、いつも身に着けていたそうです。また死後は、家康の眠る日光東照宮のそばにある、日光山輪王寺の

▲「新聞附録東錦繪」徳川家康をはじめ、徳川家の将軍たちが描かれた錦絵　国立国会図書館HPから

176

教えて!! 河合先生 江戸時代おまけ話

墓所に葬られました。「自分の墓所は、日光東照宮よりも豪華にしてはならない」という家光の遺言によって、控えめなつくりになっています。

生き物を大切にしすぎた綱吉

家光の四男で、5代将軍の綱吉は、1685（貞享2）年以降、生き物を殺したりいじめたりすることを禁じる法律を20年以上にわたって次々出しました。これらをまとめて「生類憐みの令」と言います。とくに、戌年生まれだった綱吉は、犬の保護に熱心に取り組みます。「ケガをした犬

▲現在の中野区役所の近くにある、野犬保護施設の記念碑。江戸の野犬保護施設の中でも、中野が最も大きく、約30万坪（東京ドーム21個分以上の広さ）もあった。江戸の長屋では、約3坪（畳6枚分）に親子5人で住んでいた時代、この犬屋敷では、多い時でも約1坪に犬1匹が暮らせる計算だ

を見逃せば処罰する」などの法律や、犬専用の屋敷をつくって、中野では数万から30万匹の野犬を保護したそうです。

好奇心旺盛な吉宗

8代将軍の吉宗は、徹底的な倹約によって無駄をなくし、傾いた幕府の財政を立て直した、敏腕将軍としても有名です。一方、好奇心旺盛な人物でもあったようで、海外の珍しい香辛料や書物を積極的に輸入しました。

また、ベトナムから象を2頭輸入して、江戸の人々をあっと驚かせました。

写真：朝日新聞社

▲和歌山県にある徳川吉宗の銅像

たくさんの趣味を持つ慶喜

1867（慶応3）年、政治の実権が朝廷に返上され（大政奉還）、江戸幕府が幕を閉じた時、最後の将軍として江戸時代の終わりを見届けたのが、15代将軍の慶喜です。

彼はじつに多趣味な人物で、当時とても貴重だったカメラに熱中したり、まだ珍しかった油絵に取り組んだり、日本に持ち込まれたばかりの自転車をいち早く入手し、サイクリングを楽しんだりしています。ほかにも、狩猟、ハムやお菓子づくり、釣り、刺しゅう、フランス語などなど、亡くなるまで趣味三昧の生活を送りました。

徳川綱

▲15代将軍・徳川慶喜
慶喜が将軍職に就いていたのは、わずか1年弱だった
国立国会図書館HPから

江戸時代 ニンゲンファイル ③

「生涯無敗」とうたわれた剣豪 宮本武蔵

六十数回の真剣勝負で負け知らず！

宮本武蔵は、安土・桃山時代から江戸時代にかけて活躍した、今も人気の高い剣豪です。武蔵が執筆したといわれる、剣術のことが書かれた『五輪書』では「13歳で初めて真剣勝負に勝って以来、六十数回ほど勝負をして負けたことがない」と、自分の強さをアピールしています。

小次郎 敗れたり！

宮本武蔵（1584〜1645年）
安土・桃山時代〜江戸時代初期の剣豪。生まれは、播磨国（兵庫県）説、美作国（岡山県）説などさまざま。二刀流で有名な「二天一流」の創始者。

▼宮本武蔵と佐々木小次郎の「巌流島の戦い」が行われた島。もともと「船島」と呼ばれていたが、小次郎の開いた流派名の「巌流」にちなんで「巌流島」と呼ばれるようになったと考えられている

写真：朝日新聞社

いろいろな剣豪がいたのね

178

教えて!! 河合先生 — 江戸時代おまけ話

「巌流島の戦い」で勝利

武蔵が戦った真剣勝負の中で、最も有名なのが、同時代の剣士・佐々木小次郎との「巌流島の戦い」です。この時武蔵は29歳、小次郎は18歳（それぞれ年齢は異説あり）でした。

戦いの当日、武蔵はわざと遅刻して小次郎を怒らせ、隙をついて勝利したといわれています。

九州で生涯を閉じる

晩年の武蔵は、九州の小倉（福岡県）に住むようになりました。1637年、「島原・天草一揆」（→89ページ）、「島原の乱」が起きると、54歳の武蔵は、養子で小倉城の家老だった、宮本伊織の後見役として出陣しました。

それから3年後、武蔵は熊本藩（熊本県）の剣術師範や藩主の相談役となり、62歳で亡くなりました。

打倒武蔵！

武蔵に敗れた天才剣士
佐々木小次郎

伝説の技「燕返し」を操る

佐々木小次郎は、巌流という流派を開いた、天才剣士です。

彼の愛用した刀は、通常より長く、通称「物干し竿」と呼ばれるものだったそうです。また小次郎は、「燕返し」と呼ばれる技を得意としたと伝えられていますが、残念ながら、どのような技だったのかは不明です。

巌流島で無念の死

「巌流島の戦い」の時、武蔵に負けた小次郎は、あらかじめ島で待機していた武蔵の弟子たちによって打ち殺されたという記録も残されています。また戦った時の小次郎は、50歳を超えていたという説もあります。当時の50歳といえば、かなりのお年寄りです。老人の小次郎は、若い武蔵に倒され、無念の死を遂げたのかもしれません。

じつは、小次郎に関する信頼できる史料がほとんどないため、彼の生涯は多くの謎に包まれています。

佐々木小次郎（？〜1612年）
安土・桃山時代〜江戸時代初期の剣豪。巌流という流派を開いたので、佐々木巌流とも呼ばれる。詳しい経歴は不明。生まれも、豊前国（福岡県）説や越前国（福井県）説などさまざま。

④ 江戸時代 ウンチクこぼれ話

【徳川家に仇なす刀「妖刀村正伝説」】

伊勢国（三重県）で活躍した、刀鍛冶の村正がつくった刀は、「折れず、曲がらず、よく切れる」名刀として、武士たちに広く愛用されていました。

しかし、村正の刀は、徳川家康のおじいさんとお父さんが殺された時に使われた刀

オレは何もしてないんだけどな……

とされています。また家康の息子・信康が謀反の疑いで切腹させられた時、彼の首を切り落としたのも村正の刀だったそうです。

そのため、名刀・村正は徳川家に仇なす「妖刀」として伝わるようになりました。

【大坂夏の陣で死んだはずの豊臣秀頼が生きていた!?】

1615（慶長20）年、「大坂夏の陣」で敗れた豊臣秀頼は、自ら命を絶ちました。

ところが、当時のイギリス商館長・コックスは、「秀頼様は琉球（沖縄県）に逃げ延びた」と記しています。

ちなみに、鹿児島県には秀頼の墓と伝わる小さな塔があります。

【お忍び歩きが大好き！自由な将軍・家光】

3代将軍の徳川家光は、身分を隠して江戸の町をお忍び歩きすることが大好きだったそうです。

そんな家光に困り果てたけらいは、ある

夜、大男に頼んでお忍び中の家光にけんかをふっかけさせ、それに応じた家光を放り投げるという、手荒なお灸をすえました。この出来事をきっかけに、家光はお忍び歩きをやめたそうです。

江戸の町はにぎやかで楽しかったんだがなぁ……

【家光のために一生薬を飲まなかった母代わりのお福】

家光は、母代わりのお福（春日局）によって、大切に育てられました。

お福は、家光のためならたとえ火の中水の中とばかりに、全力で彼に愛情を注いだそうです。家光が病気になった時には、「わたしは一生薬を飲みません。その代わり、家光様を助けてください」と祈り、その言葉どおり、亡くなるまで決して薬を飲まなかったそうです。

教えて!! 河合先生 — 江戸時代おまけ話

【大名行列にはこんなルールがあった!!】

大名行列に出合った場合、行列をよけて道を開けるのがルールです（→128ページ）。このルールを破って、行列の前を横切る者は、切り捨ててもかまわないことになっていました。しかし、唯一守らなくてもいい人がいました。出産の立ち会いに行く産婆さん（現在の助産師）です。江戸時代でも、出産は待ったなしの緊急事態と考えられていたのです。

> 大名行列はすごい人数だから待っていたら間に合わないわ

【天草四郎の奇跡伝説】

1637（寛永14）年に起こった、「島原・天草一揆」（島原の乱→89ページ）のリーダーとなった天草四郎（→89ページ）には、数々の伝説が残されています。

例えば、「誰にも教わらない幼い頃から読み書きができた」「彼が天を仰いで十字を切ることができた」「海上を歩いて渡ることができた」と、ハトが手のひらに舞い降りて卵を産み、その卵の中からキリスト教の言葉が出てきた」などといった話が伝わっています。

> 天草四郎にはいろいろな伝説が残されているんだな

【名刀中の名刀】

8代将軍・徳川吉宗は、刀の鑑定士の本阿弥家に、名刀の鑑定記録を整理するよう指示しました。

その結果がまとめられた『享保名物帳』には、数ある名刀の中でも、藤四郎吉光・正宗、郷義弘の3人がつくった刀は、とくにすばらしいと記されました。これによって、この3人の刀が、名刀中の名刀として尊重されるようになりました。

> 刀にはつくった人の名前がきざまれているんだよ!

【江戸時代から始まった作法】

和室で座る時、今は正座することが礼儀です。この作法は、江戸時代に入ってから行われるようになりました。それ以前は、あぐらが座る時の作法でした。

> 江戸時代の話はこれでおしまい！
> 別の時代で、また会おうね！

安土桃山時代末～江戸時代前半 年表

	安土桃山時代		

1616年	1615年	1614年	1613年	1605年	1603年	1600年	1598年	1590年
家康が亡くなる　中国船以外の外国船の来航を長崎と平戸（ともに長崎県）に限る	大坂夏の陣（家康が豊臣氏を滅ぼす）　「武家諸法度」（大名を統制する法令）が定められる	大坂冬の陣（家康が大坂城の豊臣氏を攻める）	全国にキリスト教を禁止する命令が出される	家康が将軍の座を息子の徳川秀忠にゆずる	家康が征夷大将軍になり、江戸に幕府を開く	関ケ原の戦い（徳川家康の東軍が石田三成の西軍を破る）	秀吉が亡くなる	豊臣秀吉が天下を統一する

江戸時代

年	できごと
1623年	徳川家光が3代将軍になる
1624年	スペイン船の来航を禁止する
1635年	参勤交代が制度化する
1637年	島原・天草一揆（島原の乱）が起きる（～1638年）
1639年	ポルトガル船の来航を禁止する
1641年	平戸にあったオランダ商館が出島（長崎県）に移る
1657年	明暦の大火（江戸時代最大の火事で、江戸城の天守も焼け落ちる）
1669年	アイヌのシャクシャインが、松前藩（北海道）の支配に抵抗して戦いを起こす
1687年	5代将軍・徳川綱吉が「生類憐みの令」を出す
1689年	松尾芭蕉が『おくのほそ道』の旅に出る
1709年	新井白石が政治改革（正徳の治）を始める（～1716年）
1716年	8代将軍・徳川吉宗が享保の改革を始める（～1745年）

監修	河合敦
編集デスク	大宮耕一、橋田真琴
編集スタッフ	泉ひろえ、河西久実、庄野勢津子、十枝慶二、中原崇
シナリオ	中原崇
コラムイラスト	相馬哲也、イセケヌ
コラム図版	平凡社地図出版、エスプランニング
参考文献	『早わかり日本史』河合敦著 日本実業社／『詳説 日本史研究 改訂版』佐藤信・五味文彦・高埜利彦編 鳥海靖編 山川出版社／『21世紀こども百科 歴史館』小学館／『ビジュアル・ワイド江戸時代館』小学館／『Jr.日本の歴史⑤ 天下泰平のしくみ』大石学著 小学館／『ニューワイドずかん百科 ビジュアル日本の歴史』学研／『歴史群像シリーズ 決定版 図説江戸城 その歴史としくみ』学研／『日本人はどのように建造物をつくってきたか4 江戸の町（上）巨大都市の誕生』内藤昌著 イラストレーション穂積和夫 草思社／「週刊マンガ日本史 改訂版」39号、45号、46号、49号、52号 53号 朝日新聞出版／「週刊マンガ世界の偉人」57号 朝日新聞出版

※本シリーズのマンガは、史実をもとに脚色を加えて構成しています。

江戸時代へタイムワープ
（えどじだい）

2018年3月30日　第1刷発行

著　者	マンガ：早川大介／ストーリー：チーム・ガリレオ
発行者	須田剛
発行所	朝日新聞出版
	〒104-8011
	東京都中央区築地5-3-2
	編集　生活・文化編集部
	電話　03-5540-7015（編集）
	03-5540-7793（販売）
印刷所	株式会社リーブルテック

ISBN978-4-02-331669-0

本書は2016年刊『江戸時代のサバイバル』を増補改訂し、改題したものです。

落丁・乱丁の場合は弊社業務部（03-5540-7800）へ
ご連絡ください。送料弊社負担にてお取り替えいたします。

©2018 Daisuke Hayakawa, Asahi Shimbun Publications Inc.
Published in Japan by Asahi Shimbun Publications Inc.